Copyright © 2024 Juliana dos Santos Lima

Todos direitos reservados

Vi, vivi, escrevi.

Pensamentos que devoram...

Juliana S. Lima.

Pensamentos que devoram, eu devoro meus pensamentos.

Dedico este livro a minha maior história de amor, a ela que um dia me trouxe a vida e eu tive que vê-la partir.

Sumário

1. Introdução..............................4
2. Por favor, entre......................6
3. Tempestades..........................7
4. Relâmpagos..........................39
5. Noite....................................45
6. Raiar....................................68
7. Ensolarado...........................85
8. Pôr do sol 103

1. Introdução

Vi, vivi, escrevi.

Para que existe a arte?

A arte não é para fazer sentido
A arte é para sentir
Não é certeza, não é âncora
É um chalé no meio da selva
É afago, é esperança,
É a prova que a maior força humana
É a capacidade de se sensibilizar:
É expressão.

Nesta introdução, deparo-me novamente com a difícil tarefa de me apresentar. Não importa quantas vezes já precisei fazê-lo, sempre me parece árdua, por vezes, impossível. Ademais, todas as vezes que me apresento, pareço estar diferente. A Juliana de ontem já não existe mais, será que um dia existi?

Neste livro, encontrarás minhas sinceras expressões, por vezes profundas, dolorosas e obscuras. Em outros momentos, inocentes, amáveis e delicadas. Não sou água parada, sou rio; às vezes tem quedas d'água e corredeiras.

Atenciosamente, deixo aqui poemas para que possas exercitar a essência da humanidade: o sentir.

Diversas vezes morri, a arte para mim foi uma forma de registrar minhas mortes e minhas vidas.

Escrevo e deixo um pouco de mim.

Leio e busco um pouco de vida.

@viviviescrevi

2. Por favor, entre.

Por favor, tire os sapatos ao adentrar a minha morada.
Não se importe com os sentimentos amontoados
Estou organizando, mas sempre surgem novas bagunças.
Cuidado no cômodo que vai adentrar, pode cair em abismos, contudo, pode encontrar oásis,
Uma mente confusa, porém, profunda e bela,
Afinal é minha casa e eu vivo nela.

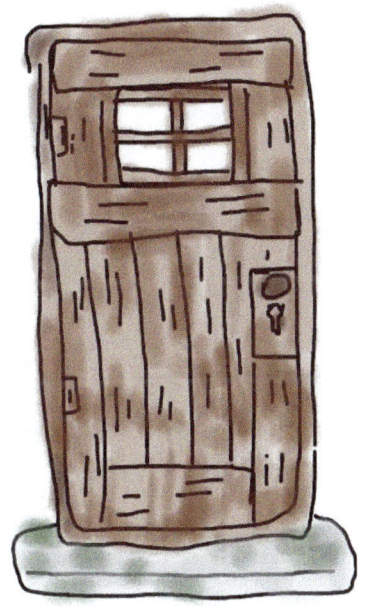

3. Tempestades

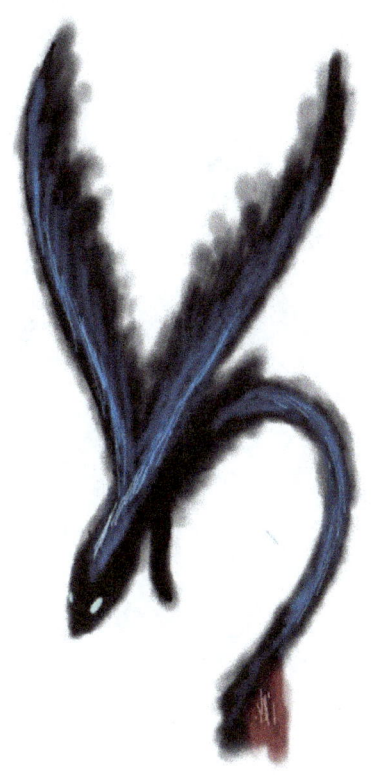

Fúria

O sentimento vinha novamente
Como onda furiosa em uma tempestade
E me via com uma fúria
Que nunca vou conseguir apagar.

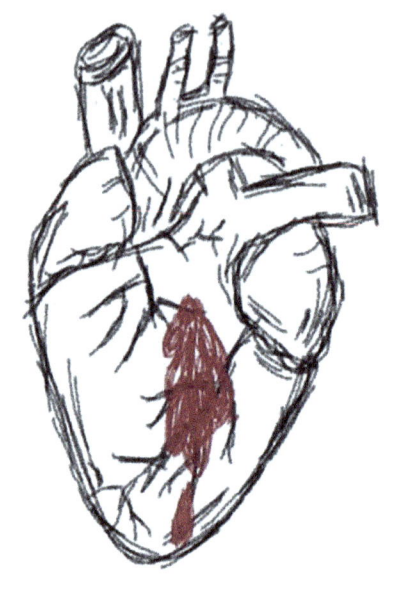

Aqui toda palavra é vivenciada
De forma profunda e internalizada
Não lhe falta dor
Há palavras que chegam a ser sangrentas
No entanto, os ventos da liberdade sopram sobre tudo. A própria ferida não tem mais o efeito de um: **Obstáculo.**

Paisagem

Vivendo constantemente na beira do precipício

Onde uma pequena pedra pode fazer o mundo colapsar

Aqui a aposta é qual dia vou desmoronar

Aqui a luta é para se equilibrar

Por vezes vem tempestade

E logo me vejo a desaguar

Provando o amargor da gravidade

Se tantas vezes morri

Aqui jaz uma alma na beira

E enquanto isso, aprecio a paisagem.

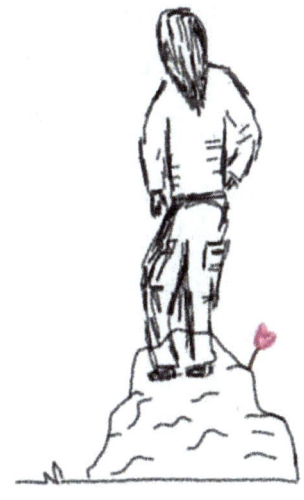

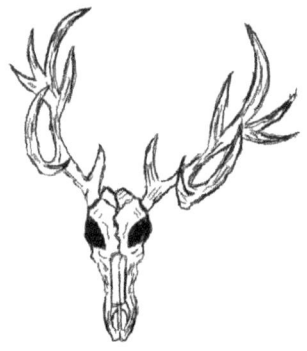

Pais

Ao perdê-la, por sua vez também o perdi
O perdi quando você se perdeu em suas ações
Ela estava morta e ainda assim você o fez
Eu não entendi e nunca entenderei
Perdi meus pais naquele dia
Perdi também parte de mim
A partir deste dia, me vi sozinha
E por vezes, me sinto tão morta quanto vocês.

Perdas

Você sabe como é a sensação?
A sensação de chegar sem nenhum
Boa tarde ou noite
A sensação de vazio ao olhar sua própria casa
E ver que talvez seria melhor você nem voltar
Porque você não sabe mais quem você é.

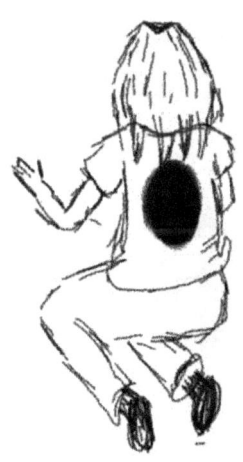

Amor líquido

Por que eu continuo bebendo?
Algo que só me faz sentir mal
Esta bebida nunca me enche
Esta bebida sempre tira algo de mim
Eu bebo como se eu não fosse nada
Eu bebo como se fosse a única coisa que eu precisasse
Eu vomito amor da mesma forma que o bebo
Não tenho sorte ou não estou fazendo isso direito
Ainda tenho a sensação de que não é minha culpa
Eu nunca quis que fosse líquido.

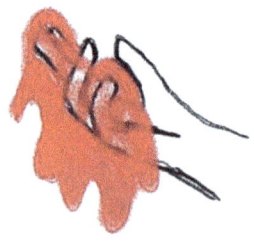

Partir

Você nunca fez muito por mim
Mas uma coisa que eu não pedi
Que eu não queria, que cheguei a implorar
Em meus sonhos mais profundos
Para você não fazer: me deixar
Esta, foi a melhor coisa que fez por mim.

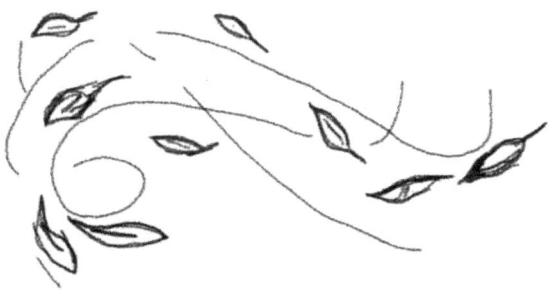

Engolida

Foi vista e desejada
Abocanhada e saboreada
Com o doce da pureza que ela mesmo desconhecia
Mastigada e despida de si
Achou que era amor
O que é o amor?
Foi engolida, caiu em um abismo
Era quente e ácido, achou que ali ficaria
E seguiria seu caminho
Foi engolida, foi aceita...

Regurgitada

Movimentos bruscos e peristálticos
A moviam de maneira assídua
Ondas do ácido se formaram
O abismo já não era mais profundo,
Era raso e apertado
Seu peito doía, seus olhos sangravam
Um estrondo forte vinha de vários lados
Sentiu seu corpo se mover
Foi empurrada, eliminada
Agora jaz na fria lousa
Sem que por ela se tenha derramado uma
lágrima sequer.
Seu nome? Ela já não sabe.
Mas cabe agora descobrir e se redescobrir.

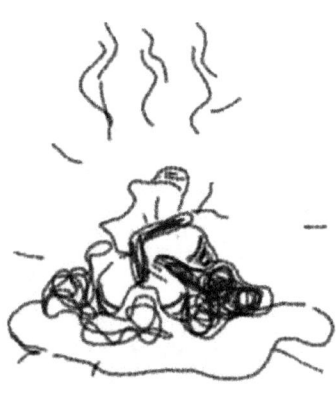

Abandono

Amputada, regurgitada
Seu corpo gélido jaz sobre a lousa
Seu coração dói como se quisesse parar
Ela sabia que era tarde demais para sair sem
sair de si, o rasgo foi dilacerante
Não teve Samu, não foi justo
Nem haveria de ser.
A banir o dono.

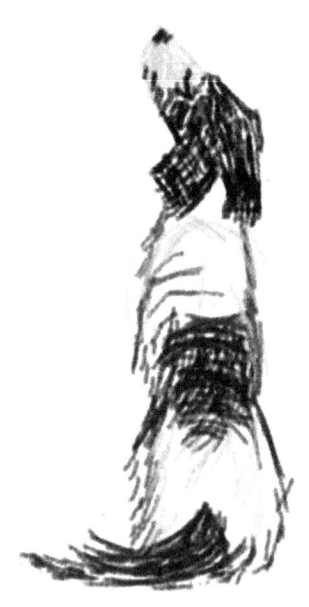

Quebrado.

Você me quebrou em tantos pedaços
Eu já não consigo pensar direito
Você me fez acreditar no futuro
Depois arrancou meus pedaços
Deixou alguns pelo caminho
Que já não consigo ser eu
O vazio que sinto me come
Não sei o que é normal
Não sei o que foi real
Você me machucou tanto
Que só queria entrar em coma
Ou desaparecer com tudo isso
Eu queria não ter te conhecido
Para não precisar arrancar você de mim
O peito dói, a mente fica tentando
Arrumar o que fazer para não pensar
Me desidrato e me desfaço
Não quero mais nada
Não sou mais nada
Só queria sumir
Vomitar você de mim

Ter um traumatismo craniano
Um AVC
Ou morrer.

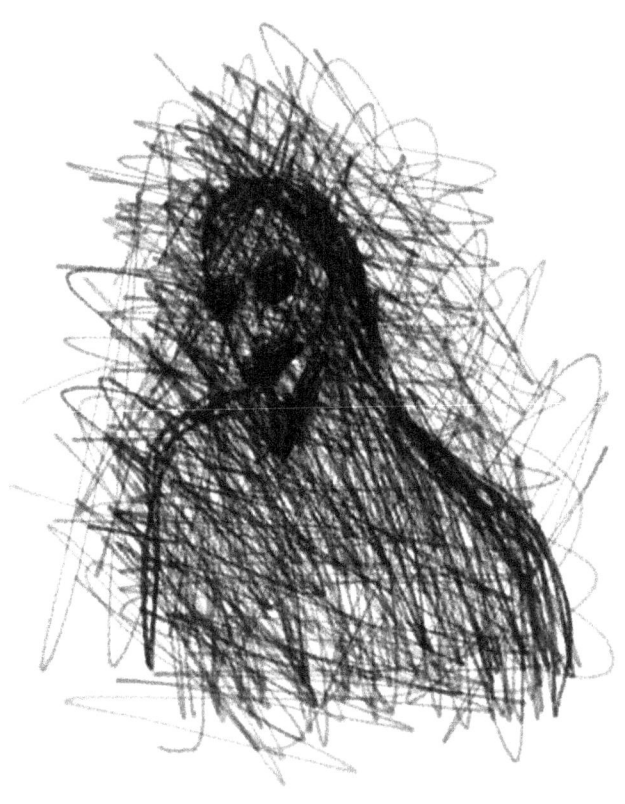

O que eu guardei de você

Saudade, tristeza e um bilhete também
Joguei todas as coisas fora na esperança
De que você fosse junto com elas
Mas o que eu guardei de você:
Eu mesma
Essa não posso descartar
Não consigo ignorar
Então o carrego comigo
Até que em algum momento
Pacificamente, vá embora.

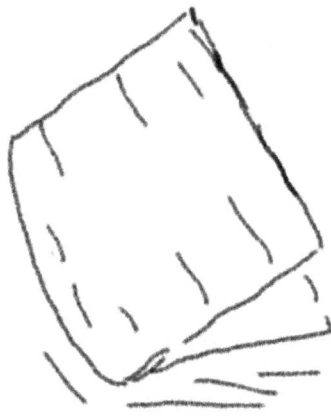

Dor

O ar está sempre pesado
O frio já não é a pior coisa que sinto
A minha definição de dor é você
Ser pensante é meu martírio
Existir é meu castigo
A realidade não existe mais
Só caos e desastre
Penso o mundo
E este não existe mais
Pois ele era você.

Amargo

Este lugar deixa qualquer um louco
Te dopam, te dão de tudo um pouco
Pálpebras cansadas, olhos inchados
Um corpo doente, num mundo amargo.

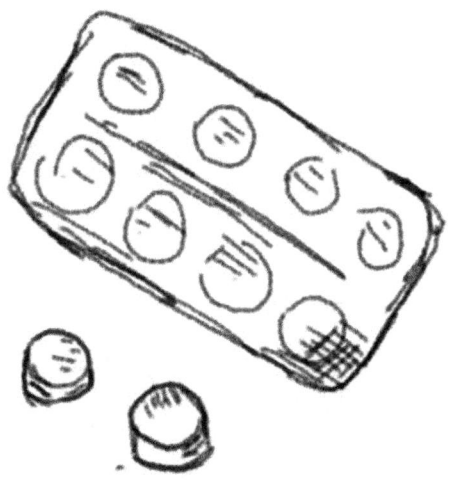

Sinistro

Corpo no chão, sem mente, sem alma
O silêncio sem calma, a memória turva
Gritos, giros e rasgos de partes partidas
Sou tudo do nada do que nunca existiu
Meu corpo resiste onde a morte colidiu
Esta se estilhaçou e levou corpos inocentes
Deixando apenas peles indecentes
Em meio a ossos resistentes.

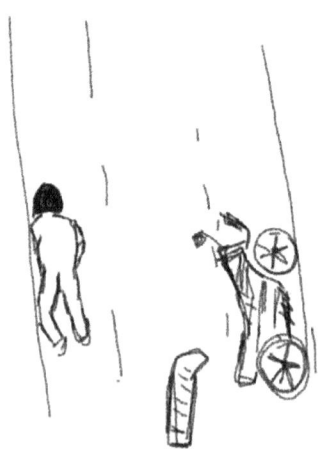

Mutante

Coração que não para, quer parar o mundo
Se pudesse, parava. Se desespera, desampara
Cada batida se abala, no abate da carne
Pulsante, pensante, mortal e mutante.

Tempestade

Não houve previsão meteorológica
Por vezes uma tempestade chega
Desavisada, inconveniente, martírio
Sem explicação científica,
Por mais que tente
Sai derrubando algumas casas,
Bagunçando sentimentos,
Molhando tudo.
A molesta é visitante indesejada
Apesar da desesperanç
Não há o que esmerar
Tempestades passam
Tudo é passageiro.

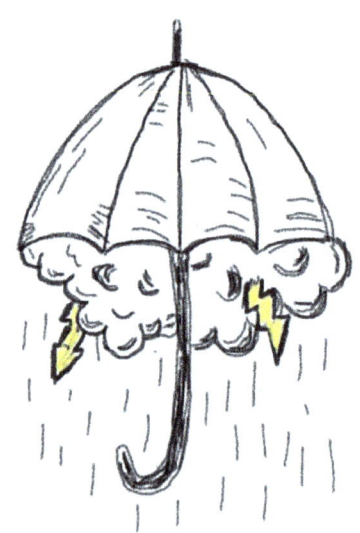

Distúrbio

Esse sentimento indigesto
Você me faz querer engolir
Este distúrbio disfarçado de fome
Amargo, podre e tóxico
Eu engoli você até agora
E hoje, só posso o colocar para fora.

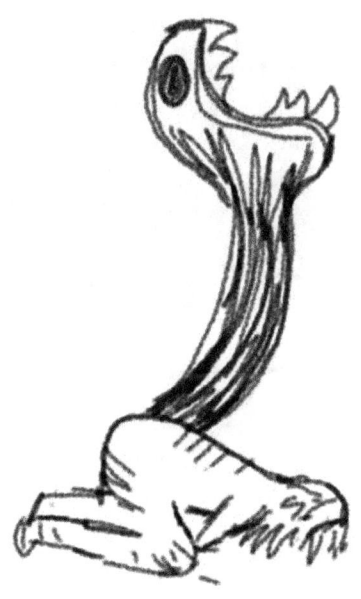

Mentes doentes
Mitos que mentem
Mortos amontoados
Ideias miúdas imundas
Memórias moídas
Mundo maníaco
Malfeito
Mudo
Manco
Maligno
Mito.

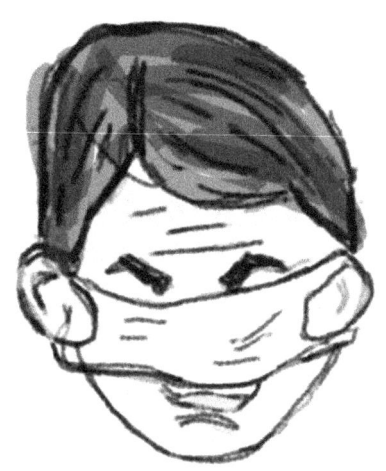

Ninguém me preparou

Ninguém me avisou, ninguém me preparou
Um copo cheio de um corpo vazio
Todos estão celebrando o que não tem graça
A morte de seus sonhos e esperanças
Como queria voltar a ser uma criança
O que resta hoje de mim
São pedaços do que um dia fui
Uma alma demasiada machucada
A assídua busca do que se perdeu
Será que um dia existirei?

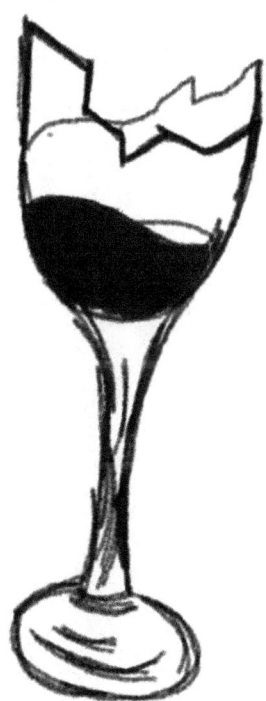

Luta

Minha luta é contra mim

Tentando não morrer

De fome, de comer,

De tristeza, de você.

Em 1 dia faço tudo que não fiz

Em 1 mês não faço nada como pensei

Quero o mundo para ontem

Pensamentos que devoram

Eu devoro meus pensamentos.

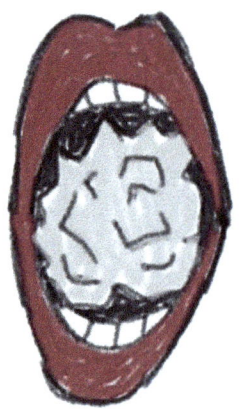

Piada

Passamos a vida assistindo sobre boas histórias. Grandes aventuras, romances, dramas e mistérios, para enfim nos deparar com uma vida miserável. Vivendo todos os dias repetidos como se não fossemos morrer, morrendo todos os dias sem ao menos ter vivido. Uma vida suportada por delírios coletivos para sobreviver a realidade que nunca fomos o que gostaríamos de ser.

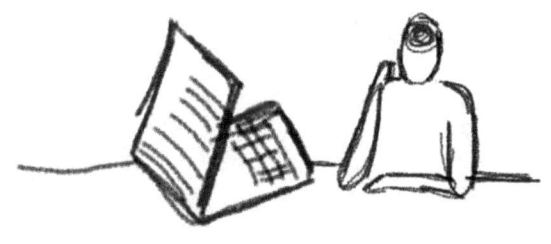

Piratas

Somos todos precificados
Definidos por regras que desconhecemos
Etiquetados por pessoas mais fortunadas
Contudo, nossas células são as mesmas
Nossas merdas cheiram mal por igual.

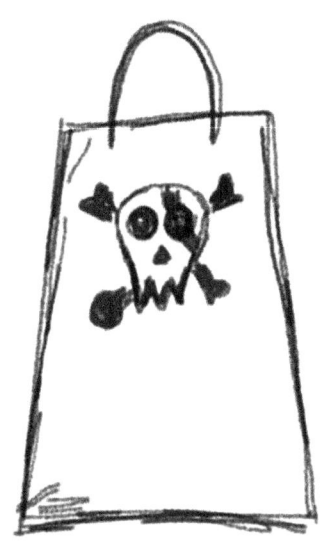

Tormenta

Arredio de toda realidade, falsa verdade
Ondas que quebram em meio a tormenta
Instável e atemporal, confortável crueldade
Tempestade de neurônios,
Deparo-me com a enfermidade
Não me deixe no deserto
Tenho medo dos monstros da minha mente
Se o presente for presente
Se aconchegue em êxtase
A fantasia da maresia acolhe minha melancolia e
a vida que foi um dia, se torna minha biografia.

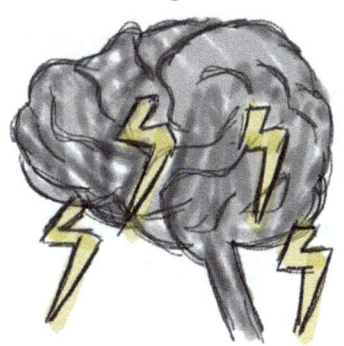

Se sou poesia, porque me sinto tão vazia?

Divina comédia

Eu vejo o mundo como uma sopa primordial
Eu quero tudo, eu não quero mais nada
Todas as possibilidades soam impossíveis
Ninguém se importa o suficiente, nem eu
Dias difíceis são apenas o usual
Se tudo são números o que eu sou?
Apenas mais um zero à esquerda
Se você não for me amar ao menos me mate,
Para que eu veja morrer essa necessidade
Não quero mais te engolir, só quero o vomitar de mim
Mas como faço para arrancar meu próprio ser de mim
Minha mente tem monstros que eu mesma criei
Eles assustam até a própria realidade
A realidade é mais uma divina comédia

Ansiedade

Como não poderia querer me ausentar do mundo sob tamanho mal? Um corpo não foi feito para sofrer tamanha angústia, deveríamos nos deleitar dos prazeres da vida e gozar dela. Então como pode um corpo sem sofrer qualquer dano físico externo sofrer com tanta tortura? Olhos que pulsam, peito que aperta, coração que se pudesse, parava. Não parece haver respiração ou fala, os sons que saem não são de risadas gostosas, e sim, de sofrimento.

Viver não deveria ser assim.

Paz

Se ser é sentimento
Sinto o mundo, quase enlouqueço
Me paralisa, me estremeço
Queria tudo, não sou nada
Nunca existi, um sopro de átomos
Não é amável como nos odiamos?
Eu só queria que a paz fosse uma opção.

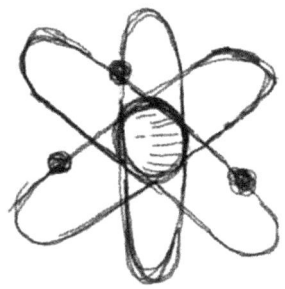

Sopa primordial

Meu cérebro como um louco ansioso
Pensa o mundo e pulsa em desespero
Emoções, histórias, palavras e sons
Tudo parece uma grande sopa primordial.

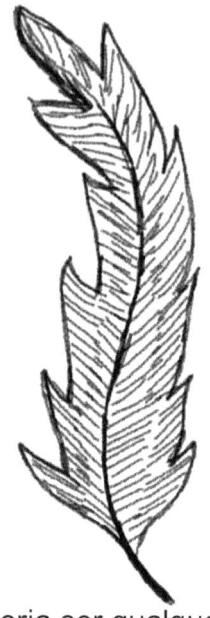

Eu queria ser qualquer coisa menos eu
Eu queria ser como uma pena
Não ter o peso da minha mente em mim
Eu queria ser normal
Ou o que idealizo disso
Eu queria não querer tanto
Eu queria não querer você.

Querer

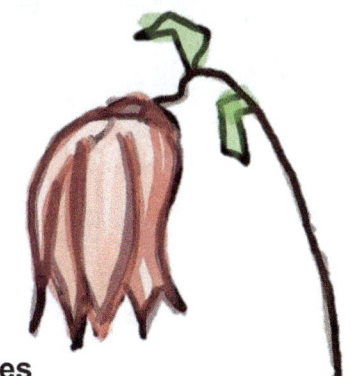

Buquê de flores

Você me puxa para você e me pede para ficar
Então me larga no precipício
Mas não quer que eu pense em pular
Se reiteradamente quis morrer,
Por que acha que sou diferente?
Talvez eu deva arriscar e afundar pacificamente
Para morrer afogado em meu próprio mar de dor
Para comer meus monstros como um canibal amador
Então respirar o sangue pisado que foi disfarçado
E cuspir suas emoções que tanto me foi jogado
Para entender que isso é então algo inevitável
Então mudar algumas peças para poder voltar a viver
Já estou tão cansada de tê-lo que fazer
Meu amado, eu sou mais um vil réu
Senhor, daqui nenhuma alma vai para o céu.

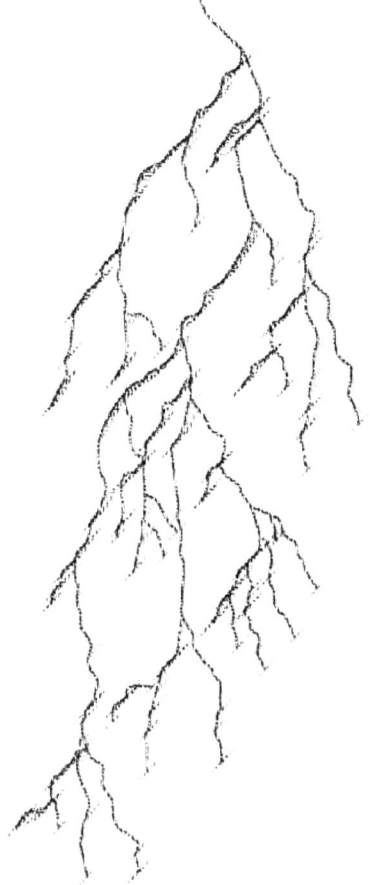

4. Relâmpagos

Passagens curtas:

Há tantas maneiras de dizer que um dia eu **não me quis** por querer você.

Você trata meu corpo como teu
E trata seu corpo como **réu**.

Me diz como faz para **vomitar** você de mim?

Ás **vezes** céu, as vezes mar.

Eu choro um **rio**, mas não se engane.
Este é o mesmo rio que uso para afogar meus choros.

Eu preciso de você como a guerra precisa de uma **flor**.

Eu tentei **consertar** o mundo e esqueci de mim.

Somos **sozinhos**, mas não estamos sozinhos.

Por vezes, quero o **mundo**, vez ou outra quero desaparecer dele.

Da metade da laranja, eu sou a **árvore**.

Nós amamos a **ideia** que criamos do outro.

Há um **elefante rosa** na sala, ele representa todo o seu medo. Seja feliz na frente dele.

Você só defende meu **corpo** quando lhe convém.

Você fica tão bonita (o) quando cuida de **si** mesma (o).

Quando te respondo da mesma maneira que me responde, eu sou **ofensiva**.

Meu trabalho é minha alma e eu a estou vendendo por mera **sobrevivência**.

Você não quer **conversar** comigo,
Você quer que eu concorde com você.

Você **pensa** no que fala ou só fala o que pensa?

Belo e assustador,
O **tudo** de hoje é o **nada** de amanhã.

Um mundo onde **gênios** estão muito ocupados tentando sobreviver.

Rastros de um coração ferido,
peles, sangue e pedaços de você.

Presença é para ser presente, não **prisão**.

Me beba como o seu **café**,
zero açúcar, puro e amargo
Estranhamente viciante.

A **competição** é a única relação na natureza em que todos os seres vivos participantes saem perdendo de alguma maneira.

Não sou **lua**.
Não existe mais luz aqui.

A **morte**, um dia,
Me livrará de mim.

Olhos maciços repletos de **luxúria**,
E eu que pensei que a vida era só fúria e angustia.
A verdade não é o que eu vejo.

Meu corpo, minhas marcas,
Minhas dobras, meus pelos:
Não estão aqui para te satisfazer.

Pagamos caros por seremos **imortais**,
temos de morrer muitas vezes em vida.

As lembranças ao tomarem forma
Pareciam **lâminas** atravessando meu corpo.

O horrível silêncio que sentimos à nossa
volta
A **solidão** tem sete peles, por ela, nada passa.

Amo esta minha **consciência** que alguns chamam de alma e gosto da minha companhia antes de qualquer outra.

A **felicidade** deixa pelos na sua roupa.

Você quer o meu perdão, mas de mim
Você só terá **ausência**.

Neste mundo capitalista,
Escrever é um ato de **rebeldia**.

5. Noite

Tic-tac...

O tempo passa como todos os dias
Me vejo como um ponto na escuridão,
Na escuridão que tive que enfrentar
E que não quero mais sair.
Ele me fez passar por tudo isso,
Então vou cultivar essa escuridão,
Domina-la, a tornarei meu próprio inferno
Para então traze-lo até aqui
E assim, acabar com ele.

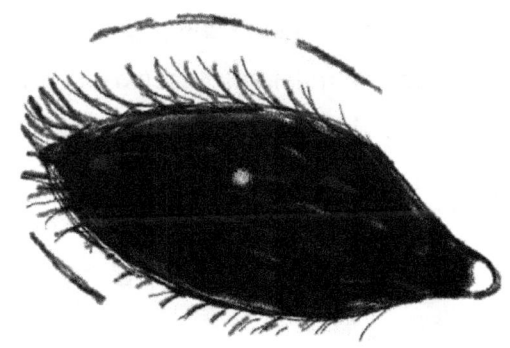

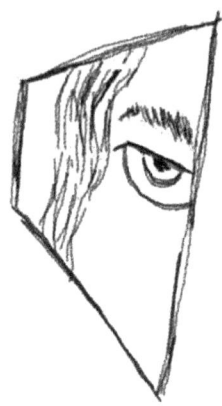

Espelho

Tudo o que você queria era um espelho, um público,
Mas tudo que posso entregar são cacos de vidro.
Indigesta, azeda e cítrica.
Você terá que me engolir.

Livres

Me encarar dói, me ver sem me olhar
Me entender sem me julgar
Quem é essa carcaça adiada?
Quem é esse corpo e alma anunciada?
Por um momento não me reconheço em mim
São pedaços que lutam para não se partirem
Enquanto me desfaço e refaço tantas vezes
Não sei se meu corpo e mente param e se entendem
Quem sou eu em meus pensamentos?
Que não passa de energia que se dissipa
Quem sou eu no espaço tempo indecente?
Que me esquece e me esqueço
De forma minimalista
Sou tudo do nada
Do que nunca nem existiu
Esta pergunta sem resposta
É o que nos tornam: livres.

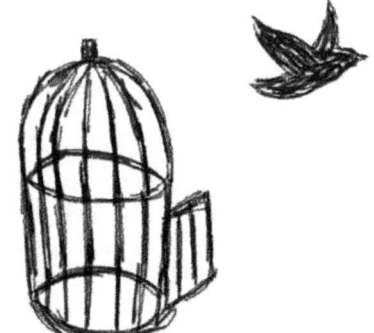

Líquido

Estou cheia de você
Não venha querido, estou vazia
Não chova em mim, sou líquido
Eu sou uma tola por você e você é tão agraciado
Sou um cisne negro, todos os meus sonhos
Se transformam em pesadelos
Sou feita de pesos, sou dia nublado
Eu nunca estarei cheia do que está vazio
Eu sou uma tola e você não está saciado
Se somos líquidos, então vamos nos esvaziar.

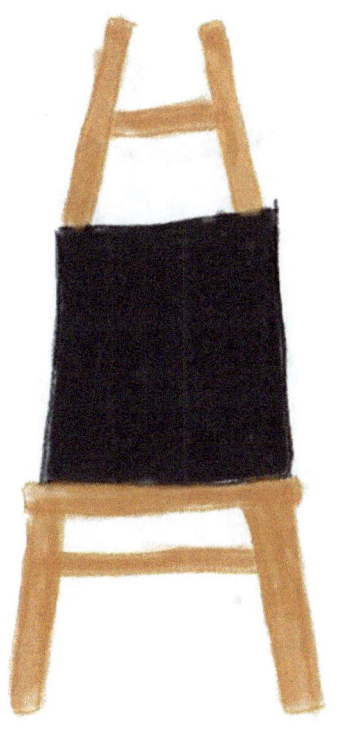

Incerta

Ela some de tempos em tempos
Mas a arte é incerta
Não é frequente
Nem sempre é compreensível
E às vezes, é difícil de engolir.

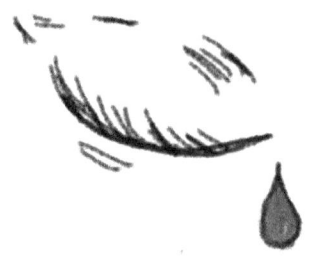

Desculpas

Suas memórias são intrigantes
Parecem que vão me afogar
Suas mentiras são arrogantes
Para tentar não me machucar
Suas desculpas não vão me ajudar.

Malhete

Não adianta o quanto eu tente andar
Todos parecem tão adequadamente desfilar
Não importa o quanto eu tente lutar
Se existo, não canso de pensar meu pesar
Me entrelaço em meus passos
Sempre me apontam o malhete
Todos estão tão certos de si.

Realidade

Rápido, fraco, fresco
Cruel para todos
Ilusório para muitos
É diferente, é quente e frio
Amadurece alguns e depois apodrece
Verdade, mentira, vários lados
Será desejo ou consciência?
Enlouquece, enriquece e parasita
Capitaliza e injusta, uma puta nua
Te lambe e come sua carne
Covarde na coragem
É a pura realidade.

O Filha da puta do Schrödinger

A arte de mergulhar no talvez
Na possibilidade inconcreta
No abismo de um futuro do pretérito
E é claro: imperfeito
Pode ser ou não, e até que seja
O gato na caixa devora meus pensamentos.

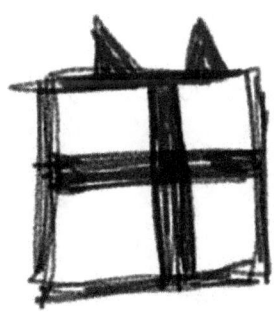

Ninguém

A ânsia de ter que não tem
Que quando consegue perde o desdém
A busca infinita que nunca concretiza
A fome que nunca se sacia
A vida perdida pela cobiça
De algo inalcançável.

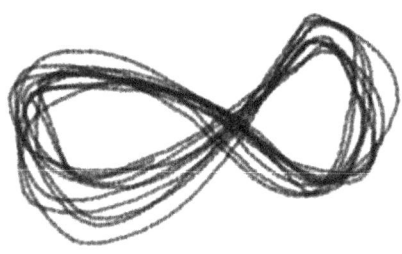

Este, não viveu,
Com medo de morrer
E morreu, sem que tenha vivido
Um dia sequer.

Monstros

Todos os monstros parecem fracos depois que eu mesma me enfrentei, me matei, me criei e me abracei. Me reconheço do começo e já tive tantos fins que o mundo até se torna mais ameno.
Escrevo para não me despedaçar, pois neste mundo já morri tantas vezes que nem tenho mais medo de morrer.
Em cada verso, cada texto, deixo meu pedaço, e assim dividindo me espalho, mesmo morta, vivo como se nunca estivesse ido.

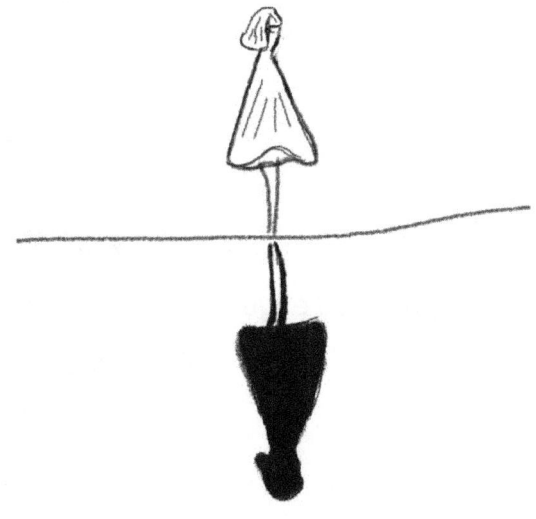

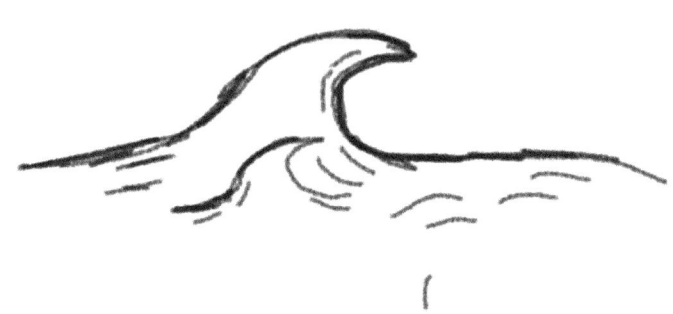

Onda

O colchão macio me engole
Como eu engulo meus sentimentos,
Irresponsável, vagarosamente
E escondido.

Lágrimas de crocodilo

Minhas lágrimas são de sangue
O mesmo que corre em suas veias
Eu quero ver você pedir para sair
Eu quero ver pedir para eu voltar.
Agora que está aqui
Não irá sair tão cedo
Você quer sair, você quer ficar
Você quis me machucar
Eu quero te ver sangrar.

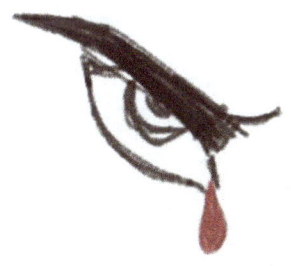

Eles

Elas só podem mostrar o corpo
Quando eles quiserem que mostrem
Da forma que eles querem que mostrem
Com o corpo que eles querem ver
Você não é livre, nunca foi
Pois então, que morram!

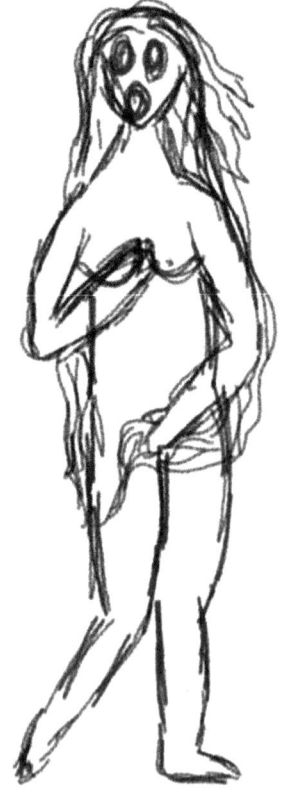

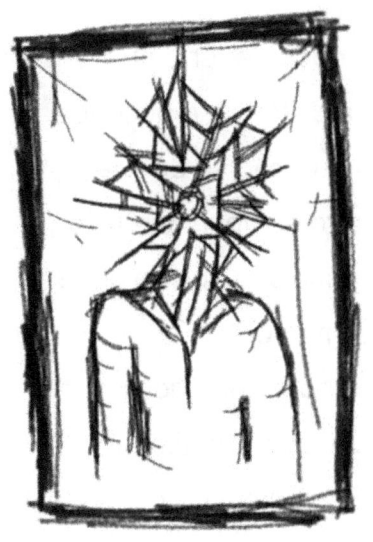

Des
    locado

...de pessoas inseguras que, em qualquer relacionamento, pensam que a outra pessoa irá abandoná-las pelo menor erro ou incômodo que possam causar.

Platônico

A necessidade de ter o que não tem
O platô da distância e ausência
O desejo que não se deseja
Ver no outro a minha carência
Lado do antiplano que se almeja
É céu ou inferno?
Então fico no purgatório
Ruminando esse sentimento
Assim como benfeitor, me mate
Para que eu veja morrer essa necessidade.

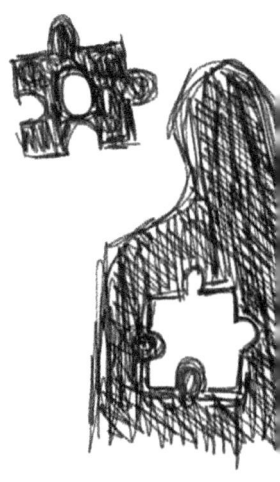

Melancias

Originados na África,
Coloridos por fora, vermelhos por dentro
Rastejamos pelo meio e nos espalhamos
Tipicamente tropicais e desatinados
Nas florestas de pedra nos trepamos
Como primatas e irracionalmente racionais
Casca dura, macios por dentro
Carne vermelha com algumas sementes
Regue demais e perderá seu cunho
Não regue e à abata
Difíceis em transpassar
Fáceis em cobiçar
Meramente humanos.

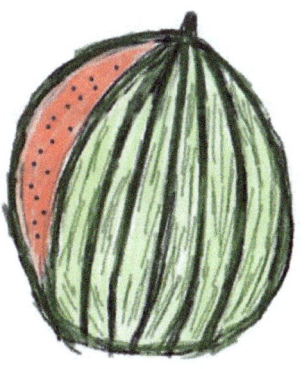

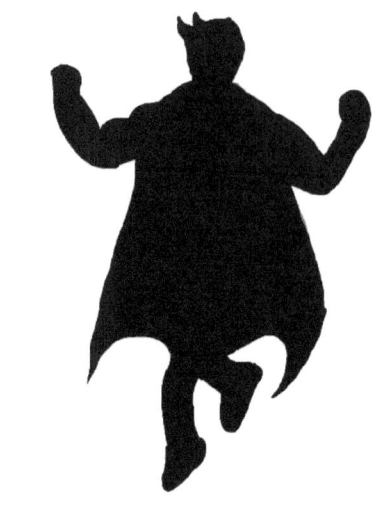

Perspectivas

Criei uma versão de ti em mim
E agora preciso encarar a verdade
Que me acostumei com algo que não existe
Agora preciso aprender com isso.

Luto

Eu queria ser alguém
Já fui feliz, já fui decidida
Já fui inteligente, já fui forte
Já fui poeta, já fui morte
E hoje sou ninguém.

Castelo de cartas

Das poucas cartas que cuidem para montar
Hoje vejo desabar
Quem está consciente está deprimido
Quem tem consciência é reprimido
Olhar em volta e não enxergar essa gente parda
Um bando de psicopatas vestidos de farda
O desespero que parece masoquista
Num monte de psicose obscurantista
No terminal do dia alguém me leva
Como uma leva de carne vindo de uma costela
Como Eva, me vejo cercada por hipócritas
Filhos assassinos e um deus idiota
Ah, e os homens que se acham a evolução
Criaram o problema e agora tentam criar a solução
Em meio a isso, me abato com o fato
De que somos cadáveres adiados.

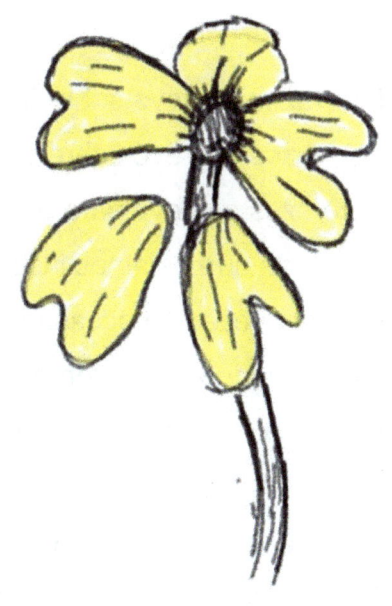

Sobre mudar e morrer

Talvez a mudança seja apenas uma maneira para sobreviver, para lidar com a destruição, porque sinceramente, às vezes me sinto tão morta quanto o resto de vocês.

Capitalismo

Por vezes escrevo sobre tristeza
Por vezes escrevo sobre amor
Por vezes escrevo para esquecer
O mundo que estamos inseridos de dor.
Mas por vezes é necessário gritar
Que o mundo que vivemos
Nos fada a desejar a morte.
Que o mundo que vivemos foi escolhido a dedo
Por aqueles que dominam o valor do capital.
Deveríamos poder viver sem se preocupar como vamos morrer amanhã.

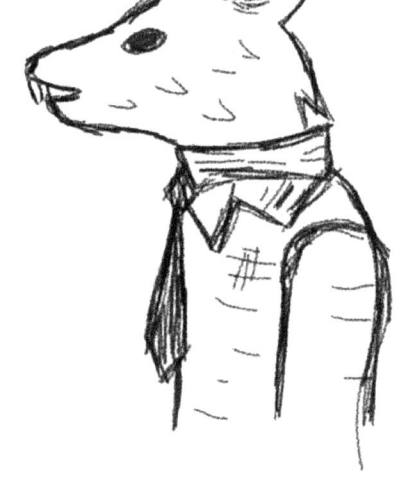

6. Raiar

Anseios

Sempre procurei,
Mas com medo de não encontrar
Me perdi. Com medo de perder
Deixei de procurar, deixando de procurar
Te encontrei...

E você me encontrou.

Oceano

Por vezes me apequeno
Sinto-me grão de sal
Sumo em meio ao mar
Me dissolvo, desapareço
Até perceber que também sou oceano.

Você

Adoro quando você vem
Se esbanja, me toma como café
Copos vazios e corpos cheios
Nada mais me cabe, só você.

Sei que eu sou um pouco louca
Mas sou muito mais louca por você
De todos os mundos que aqui existem
O melhor é aquele que tem você

Sei que sou sentimentalista
E adoro quando você me toca com os olhos
Tranca a porta e espanta todos os meus monstros
A respiração ofegante e não somos de ninguém
Mas somos um do outro.

Mãe

Escrevo todas minhas músicas de amor para ti
Unidas na maternidade até que a morte nos separe
E ainda sim, nem ela foi capaz de silenciar
Todo meu amor por ti
A parte que me parte partiu,
Ela partiu e seu nome está estampado no meu peito
Amor da minha vida, por você sou exagerada,
Minha musa, minha heroína
Se eu pudesse eu me mudava
Para seu endereço inexistente
Minha maior história de amor,
Mãe, eu ainda sou sua menina.

Mocidade

Você é meu sol em meio a tormenta
Alívio e respiro em meio a ruídos
Seus olhos tão lindos
Me mostram o abismo
Que eu quero mergulhar
Como pode todo o encanto
Apenas em um canto
E por isso eu canto
Para que em você eu possa me encaixar
Meu amor, e por toda a vida é o único que eu almejo
Continuarei bebendo na mesma fonte de desejo
E daqui 50 anos vamos continuar nos encontrando
E com carinho vamos nos zelando
Por fim, que a eternidade seja nossa mocidade
Até que a morte nos separe.

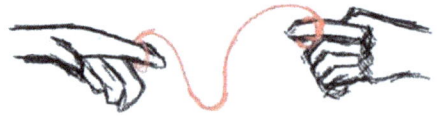

Este papel é meu

Estabanada desligada
Doida, louca, sonsa
Parece que só sei errar
Se faço, faço errado
Se não faço, me desfaço
Má vontade, farsa que não sabe se encaixar
O que quer de mim eu não tenho
O quer de mim eu não vejo e nem pretendo ser
Se quer me derrubar então boa sorte
Que já não sou uma mulher de sorte
Mimada que não gosta de perder
Se quer ser meu maior inimigo
Vai ter que saber lutar comigo
Porque me julgar é o que mais sei fazer
Mas não vou deixar alguém de mim ganhar
Então não ouse me atacar, pois esse papel é meu.

Cafeína

Estimulante, anestesiante
Um pequeno universo
Prazer em uma xícara
Um pequeno mundo
Entre quatro paredes
Os segundos parecem infinitos
Os dias parecem segundos
Um universo entre quatro paredes
Cores, gases, células, átomos
Eles são infinitos, nós não.
Assim como um gole de café
Tomei um gole de você
E de gole em gole, nos esvaziamos.

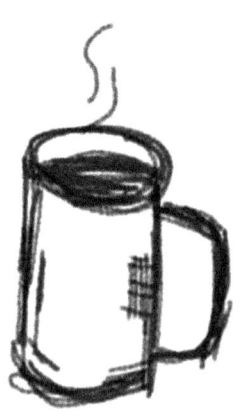

Ufa, chorei

Por tempos, engole sentimentos
Fecha os olhos para a humanidade
Acha fragilidade, ser indefeso
Tu não és uma máquina, uma coisa
Não querer ser o que é, um ser emocional
Sentir é ser forte, ser gentil, ser empático,
Sentir é se libertar e se descobrir
Ser humano é ser emocional.

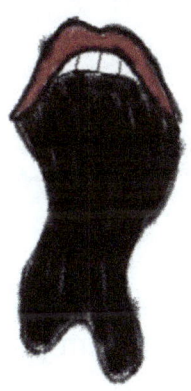

Me escreve e descreve, como arte me pinte
Não somos de ninguém e somos um do outro
Cheios de cores e dores, escritas definidas,
Artes abstratas, **obras inacabadas.**

Tropical

É um dia quente e chove em mim
Assim vem a tempestade, eu sou o caos
Queria mar calmo, mas vim com defeito
Uma parte quebrada de uma vida partida
Ferida que não sara, mente explosiva
Eu só queria sentimentos tropicais.

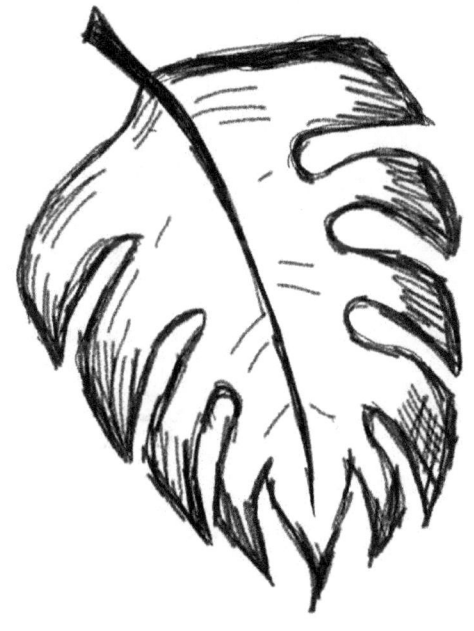

Fogo

Me afago e afogo
Meus pensamentos é meu fogo
Deixo a casa queimar
A casa sou eu
Me afogo no rio ao lado
Tentando apagar o fogo
O rio sou eu
Me afago e afogo
Me refaço e à fogo

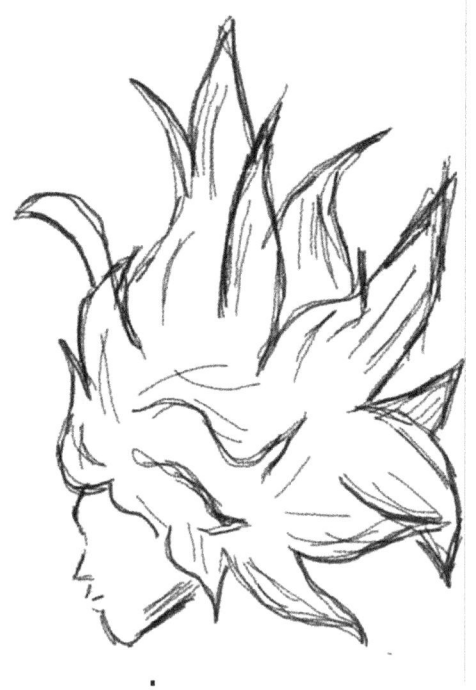

Uma mente conturbada
Uma alma encurralada
Em uma carne desbotada
Está, mal é o que seria o ser
Uma criatura, profana e desalmada
Perdida em seu próprio abismo
Seu corpo é seu frio **abrigo.**

Raso

Não te mostro o rio que cultivei
Profundo, vasto, com água cristalina
Para que fique no raso
Com medo de se molhar.

O peso do mundo

Já nasci pagando um preço injusto
Tudo que faço nunca é suficiente
Não posso sentir o que sinto
Rotulada e condenada
Não posso sangrar, não posso comer
Mente reprimida, carne aprisionada
Não posso ter desejos e escolher
Minha existência é baseada
Em achismos e machismos
Então me empoderei do que temiam
Se ser mulher é ser "vadia"
Então vão ter que me aturar
O mundo nunca foi justo comigo
Eu não pedi para estar aqui.

Para mim.

Você é o monstro que te assombra
Você é o motivo de toda angústia
Você se priva
Você se pune
Coloca os outros acima da própria felicidade
E depois se culpa
Você é o inferno
Você faz as maldades
Você respira e polui o mundo
Você anda e destrói tudo
Você erra e ainda continua a errar
Muitas vezes incapaz
Outras vezes egoísta
E ainda sim, você é tudo que te
Você merece um pouco de paz.

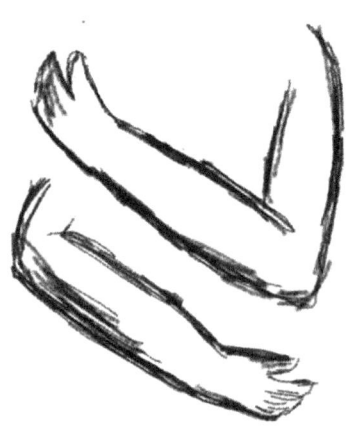

Outra vez

Outra vez aqui estou
A criar no outro a minha necessidade
Um personagem, uma ficção
Outra vez eu aqui
Criando uma dor para sentir
Buscando perfeição
Beijos infinitos, arte em carinho
Outra vez estou a remoer
Minha carência em meio a um corpo
Não nos temos, mas o tenho
Em minha própria desilusão
Acomodo em você meus desejos
E assim, fico a esperar algo que nunca existiu.

7. Ensolarado

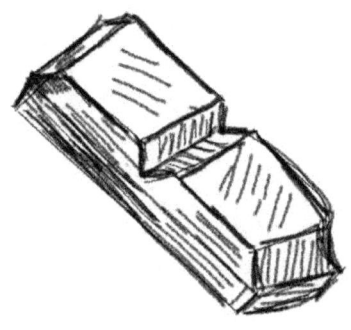

Juntos nos enchemos
Nos enchendo, ficamos vazios do mundo.
Melhor que café,
Mais saudável que chocolate
Minha companhia favorita.

Dogma

Seu corpo lascivo é como arte
Eu decifro como se estivesse em marte
Em câmera lenta minutos se transformam em chamas
É como um criptograma,
Você me mama e depois me ama
Amor, eu não sou dama,
Também sou drama e dogma.
Não nasci para você e você me criou,
Me amarrou, codificou e me abraçou.
Somos antagônicos do agônico.

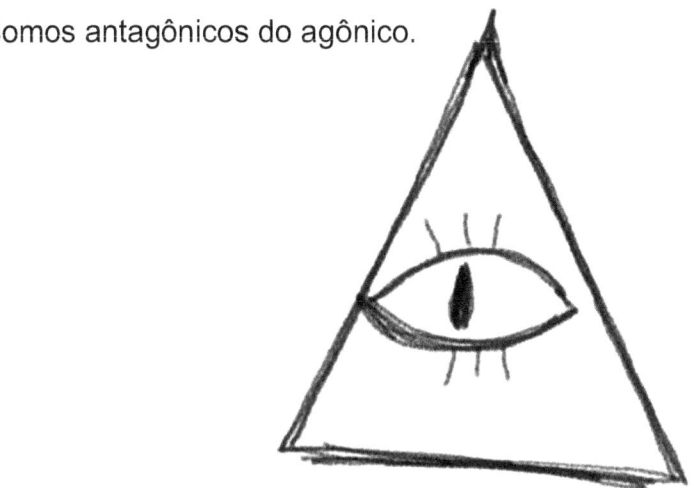

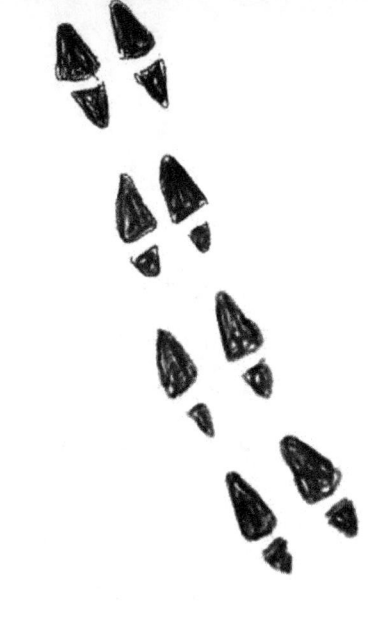

Quando escrevo,

Me conheço;

Me decifro,

Me envaideço;

Me desato,

Me afago;

Me afogo em devaneios;

Não sou verdade,

Não sou utopia:

Sou onda,

Sou mandinga.

Malfeito, feito.

Sou eu lírico

Safada depressiva, poeta inverídica
Se escrevo sentimentos, sou tudo contra o vento
Cada passo que eu faço, é um tropeço, um relaxo
Quem diria que a vida é uma comédia divina.

Sou como uma bomba, humor abaladiço
Meu traço é específico, porém imprevisível
O estrógeno elevado num canal um tanto ácido
Se surto em um dia, isso vira poesia.

Não sei fazer dinheiro, vivo um desespero
Cansada de uma vida criada, mal vivida,
Sou onda, sou mandinga.
Uma farsa mal escrita, mas se faço sou façanha, uma tremenda pilantra.

Não sou devaneio, nem verdade, utopia,
Mal criada, desleixada, tudo o que tu não queria
Nem pretendo ser nada seu nessa vida.
O meu ato performático é um prato furado.

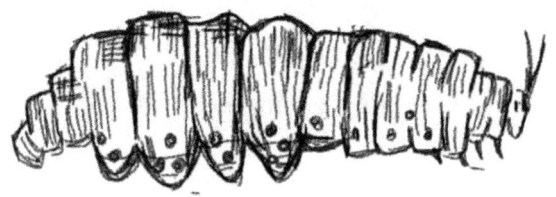

Essa não sou eu,
O que você vê não sou eu,
O que eu mostro não sou eu,
Sou pedaços de tudo isso
Eu não sou uma só
Eu não sou o que já fui
Eu não sou o que um dia serei
Eu sou: **mudança.**

Não sou nada,
Sou tudo o que pode ver.
Sou você e seu pior inimigo,
Sou só pedaços para seu ego.
Olhe demais para mim e se torne eu,
Caia em mim e descobre a ti mesmo.

Prazer, Abismo.

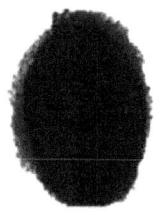

Estive a vomitar sentimentos
Sobreviver a respirar versos
Creio que me mantém sã, pois
Ver o mundo da minha espécie me faz:
Escrever.

Desperto na efervescência de perceber o mundo por meio de todas as minhas formas sensoriais. Observo tudo e pondero o nada que sou, mas sei que tudo sou para mim.

Contemplo as pessoas e suas infinitas responsabilidades. Vejo-as cheias de probabilidades e futuros abundantes.

Vejo a ausência do individualismo em suas diversas interações, embora nos isolemos, mentalmente, ocasionalmente. Enxergo, não com meus olhos, mais vida no nosso corpo do que apenas uma, todas interagindo conosco a todo instante. Vejo sorrisos iguais em pessoas diferentes e compreendo que a diferença é o que nos torna iguais.

Vejo todas as profissões, todos seus pequenos mundos supostamente individuais e os percebo em um só. Entendo que para um engenheiro são necessários conhecimentos matemáticos, para um advogado é essencial um domínio legislativo. Para todas profissões existem conhecimentos "isolados", porém vislumbro então uma grande árvore os conectando, e penso então que para toda e qualquer profissão precisamos de humanos.

Ora, isso me leva uma questão então: o que é um ser humano? Um conjunto de proteínas, elementos químicos e reações? Possuir cultura e raciocínio? Ser bípede, usar roupas e ter o polegar opositor? Quem és tu? Milhares de perguntas e devo dizê-lo que não há uma verdade absoluta.

E mesmo assim, apesar de tudo, todos os problemas que vemos no mundo, toda a violência, ignorância e infâmia, estamos aqui lutando por uma solução. Passamos dias e anos tentando aprender como ser um pouco melhor do que fomos ontem.

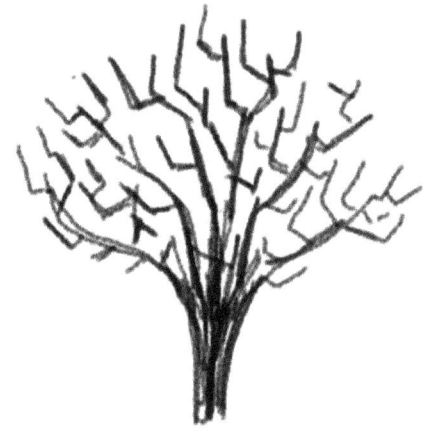

Contemplo o mundo ao meu redor
Sinto plenamente quão ínfimo ele pode ser.
Compreendo o quão insignificante sou,
E ao mesmo tempo não consigo me imaginar
como algo diferente,
Cada trilha que percorri até agora
Poderia ter sido infinita, mas é apenas **uma**.

Meu mundo é um grande mistério, e eu o aprecio a cada brisa suave, a cada gota de chuva que cai sobre meus óculos, a cada vez que olho para uma árvore e percebo que, apesar de estar sozinha no contexto literário, sei que sou milhões. Dentro deste universo, nunca me senti tão completa.

No entanto, ainda vislumbro também os infortúnios e horrores, e me esforço para entendê-los e explicá-los, até concluir que só somos infames por não compreendermos verdadeiramente quem somos, e que prejudicamos o próximo pela nossa própria sensação de incompletude, nos odiando inconscientemente.

Os sentimentos podem nos possuir de inúmeras formas, e devo admitir que, em resumo, as ações nem sempre são boas.

Vejo com muita tristeza o ódio, mais nitidamente em humanos. O que faria ao ver uma infâmia? Seria vil da mesma forma?

*Somos todos, de alguma maneira, **infames**.*

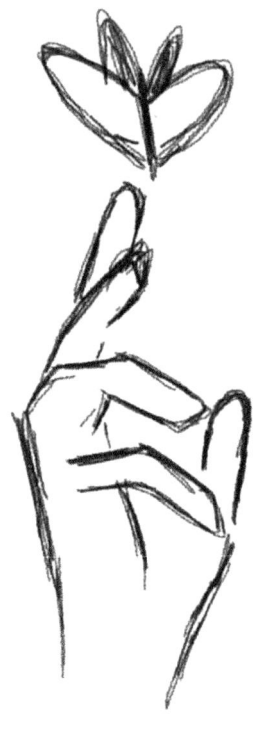

Alopcasipe

O mundo parece constantemente que vai acabar,
Mas o mundo somos nós e queremos nos acabar
No mundo.

Buraco negro

Você me mostrou seu oceano profundo
E como uma criatura bentônica
Eu mergulho a procura de seu abismo
Olhos da noite que me despem a alma
Toques que desarranjam meus elétrons
Segundos transverte infinito em finito
Olhos que me vem sem me enxergar
Como onda, me engole na noite que não termina
É lua cheia, como um eclipse somos um
Segundos se transformam em eternidade
Que a eternidade seja nossa mocidade
O tempo é nosso e nós somos o tempo

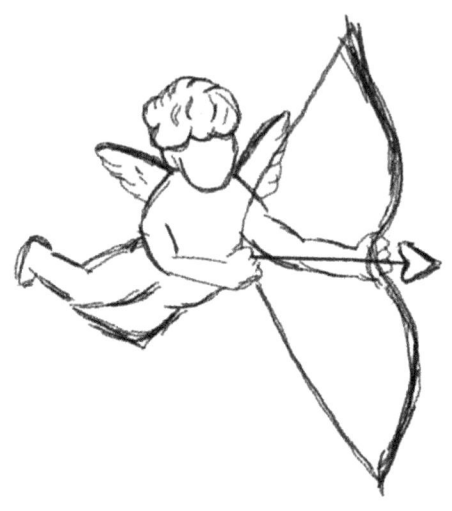

Quando nossas almas se encontraram, de alguma forma elas sabiam, como uma flecha atingindo uma pena antes que a mesma caia no chão. Eram apenas nossos corpos se conhecendo, pois, nossas almas, estas, estavam se reconhecendo.

Eros

Colo

Seu colo é para mim
Como um edredom fofinho
Como uma onda de mar quentinho
Como o pôr do sol na noite de outono
Como beijo esquimó de um gato ronronando

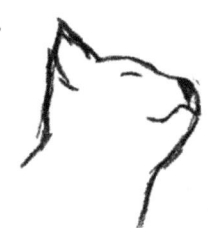

Seu sorriso é quente e o amanhã faz sol
Porque seu sol é quente
E seu sorriso é meu amanhã
Com amor, o abismo.

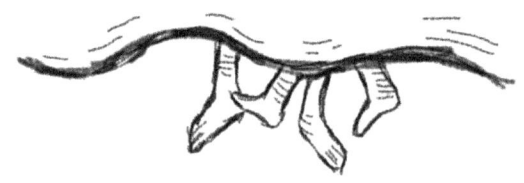

Mar

Vem nu me mergulhar

Me afoga com seu olhar

Eu com o seu pijama

Você na minha cama

Esquece de tudo e vem me provar.

Amor

Como o sutil pulsar do músculo cardíaco
Como o bater de asas de um pardal
Como o desabrochar de um hibisco
Você vem e fica além do bem e do mal.

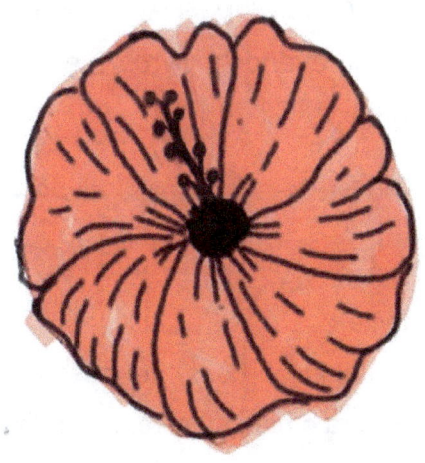

8. Pôr do sol

O poder de ler e conseguir entrar momentaneamente em um outro mundo, em um outro corpo, em um sentimento... Esta para mim é a beleza da arte, ela pode ser representada, compartilhada e sentida. Sentimentos representados e congelados que alguém o conseguirá sentir em outro lugar do mundo, sem ao menos conheceu seu autor.

Espero de coração que tenha gostado deste livro. Siga o @*viviviescrevi* caso queira ler mais de minhas poesias. Espero que um dia posso deixar meus livros gratuitos para todos, mas enquanto não posso faze-lo, pretendo continuar escrevendo livros e publicando eventualmente.

Atenciosamente,

Uma pessoa entre bilhões de pessoas, possível artista, professora e para sempre: aprendiz.

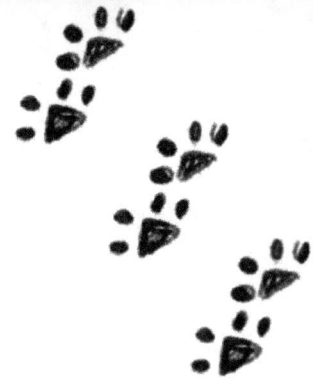

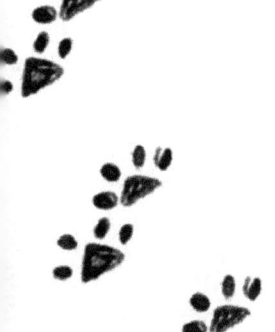

Malfeito, feito...

www.ingramcontent.com/pod-product-compliance
Lightning Source LLC
Chambersburg PA
CBHW070156230526
45471CB00002B/685